农民实用丛书

丛书主编　沈谦芳　林学勤
副主编　沈庆中

农民在劳动
用工方面的权益保护

杨浙京　葛永忠 / 著

邹凡 / 修订

江西人民出版社

图书在版编目(CIP)数据

农民在劳动用工方面的权益保护/杨浙京　葛永忠著、邹凡修订.
—南昌:江西人民出版社,2000.8(2010年3月重版)
(农民实用丛书/沈谦芳、林学勤主编)
ISBN 978 – 7 – 210 – 02308 – 1

Ⅰ.农… Ⅱ.①杨…②葛… Ⅲ.劳动法 – 中国 – 问
答 Ⅳ.D922.505 – 44

中国版本图书馆 CIP 数据核字(2000)第 43964 号

农民在劳动用工方面的权益保护

杨浙京　葛永忠著　邹凡修订

江西人民出版社出版发行

江西新华印刷集团有限公司印刷　新华书店经销

2010 年 3 月第 2 版　2013 年 4 月第 4 次印刷

开本:787 毫米×1092 毫米　1/32　印张:2.75　字数:40 千

ISBN 978 – 7 – 210 – 02308 – 1　定价:6.00 元

江西人民出版社　地址:南昌市三经路 47 号附 1 号
邮政编码:330006 传真电话:86898827 电话:86898893(发行部)
网址:www.jxpph.com
E – mail:jxpph@ tom.com　web@ jxpph.com
(赣人版图书凡属印刷、装订错误,请随时向承印厂调换)

目录

1. 劳动条件与合同不符,职工有权解除合同

陈某与某酒店签订了劳动合同,具体从事餐厅服务员工作, 合同中约定晚上工作到客人散去为止,餐厅为其提供住宿条件。陈某上班后,每天工作到晚上10点多钟,餐厅没有按合同提供床位给陈某休息。陈某因此经常无法休息好,便找到经理,要求酒店按合同的约定,为其安排晚上休息的地方。餐厅经理以资金不足等为由,要求陈某克服克服。陈某认为酒店说话不算数,提出要与酒店解除劳动合同,酒店不同意,并且说:你不做也得做,你已经签了合同。陈某于是向当地劳动争议仲裁委员会提出解除劳动合同的申诉。他能得到支持吗?

劳动争议仲裁委员会经审理认为:(1)酒店在订立劳动合同时不能实事求是,隐瞒了事实真相,是一种欺骗行为,也是一种违约行为,酒店应承担违约责任;(2)《劳动法》第31条第3项规定,用人单位未按照劳动合同约定支付劳动报酬或者提供劳动条件的,劳动者可以随时通知用人单位解除劳动合同,这是法律赋予劳动者的权利, 是对劳动者劳动权和人权的尊重。因此,劳动争议仲裁委员会认为陈某的要求是合理合法的,故裁决陈某与某酒店解除劳动合同,陈某的申诉得到了劳动争议仲裁委员会的支持。

2. 劳动合同未经鉴证就能随便解除吗？

王某和某酒厂签订了为期 3 年的劳动合同,合同中对劳动保护作出了明确的规定。王某上班一段时间后,发现厂里经常不能按时发放劳保用品,于是他就去找厂领导反映情况,厂劳资科知道这一情况后,没有检查自己的错误,反而认为王某有意找领导告状,便记恨在心。后来在一年一度的档案清理中,劳资科发现王某的劳动合同未经劳动部门鉴证,便以此为借口,提出王某的劳动合同无效,通知王某解除劳动合同。王某向劳资科提出,自己进厂的手续都是厂里办的,没有鉴证与自己无关,厂里为此解除劳动合同没有道理,遂向劳动争议仲裁委员会提起申诉。

劳动争议仲裁委员会认为,某酒厂以合同未经鉴证为由解除与王某的劳动合同是错误的,应追究有关人员的责任。理由是《劳动法》第 17 条规定:"订立和变更劳动合同,应当遵循平等自愿、协商一致的原则,不得违反法律、行政法规的规定,劳动合同依法订立即具有法律约束力,当事人必须履行劳动合同规定的义务。"本案王某与企业订立的劳动合同,符合我国法律、行政法规规定,是双方在平等一致的基础上订立的,是有效合同。另还认为劳动合同的鉴证,是为了进一步加强劳动合同监督和管理,它与劳动合同是否有效无必然联系,劳动合同是否有效应看其是否合法、公正,而不在于是否经过鉴证。

3. 无钱交纳合同抵押金,就不能成为合同制工人吗?

李某和刘某从农村到城市去打工,看到了一则招工广告,某商厦招收 100 名劳动合同制工人,但在签订劳动合同时每人必须交抵押金 5000 元,否则不予录用等。李某和刘某其他条件均符合,就是生活有些困难,一时交不起这笔款,便找到商厦经理,问能否缓交。经理说:"这是为了发展业务而筹集资金。另外,这么多货物由你们经营,如给拿走了,我上哪里去找你们。"该经理坚持要先交抵押金再录用。两人心想,难道无钱交纳抵押金就不能成为合同制工人吗?

于是,他俩来到了该市劳动局咨询。该局干部这样回答了他们:根据劳动法和有关法律的规定,商厦的做法严重侵害了职工的合法权益,应当予以纠正。因为《劳动合同法》第 9 条规定不得要求劳动者提供担保或者以其他名义向劳动者收取财物,公安部、劳动部、全国总工会 1994 年《关于加强外商投资企业和私营企业劳动管理,切实保障职工合法权益的通知》第 2 条也规定:"企业不得向职工收取货币、实物等作为入厂的押金,也不得扣留或抵押职工的居民身份证、暂住证和其他证明个人身份的证件。"为此,该市劳动局对商厦的做法进行了纠正,并责成商厦将收取

工人的抵押金予以退回。

　　后李某和刘某与该商厦签订了劳动合同，并且在工作中积极肯干，受到了商厦的好评。

4. 农民打工就不需劳动保护吗？

　　某农家女为了改善生活进城打工，与某制造厂签订了劳动合同，被分配到铸造车间工作。两个月后该女工经常感到头晕、身体不适，经检查发现是因工作时与有害气体苯接触所致。农家女认为自己身体素质好，只要安装通风设备就可以，于是她向厂里提出了安装通风设备的要求。厂里考虑经费问题，没有安装，只发给了一定的津贴，农家女觉得就心满意足。后来，她怀孕了，一到车间就想呕吐，到医院检查时，医生告诉她苯是有毒气体，经常接触，容易导致流产、早产、死胎或胎儿畸形等。农家女担心胎儿的发育，再三向厂领导要求调换工种，在厂方未同意的情况下，她擅自到仓库去工作。厂方以此为由辞退了农家女，农家女不服，向劳动争议仲裁委员会申诉。

劳动争议仲裁委员会认为，厂方侵害了该女工的合法权益，辞退女工的决定是错误的。因为在本案中厂方违反了对女职工禁忌劳动范围的规定，让农家女从事了国家规定禁止女工从事有害健康的工种。禁止女工从事的有害健康的工种，是指根据女工的身体结构、生理特点以及哺育子女的特殊需要，一般女工和"四期"(经期、孕期、产期、哺乳期)中的女工所不能从事的工种。在本案中，厂方安排有身孕的女职工在有毒气体的车间工作，给女职工身心带来了严重的危害。已怀孕的农民女工提出调换工种是为了保护自己的合法权益，是正当合理的要求。厂方对女工的合理要求置之不理，反而采取高压手段辞退职工，是违反劳动法规定的。

于是，劳动争议仲裁委员会撤销了某制造厂关于辞退该农民女工的决定，并责成该厂将这名女工调至仓库工作。

5. 在招收女工时，另行规定女工的结婚年龄合法吗？

李小凤经职业介绍所介绍，到毛巾厂工作。经过4个月的试用后，毛巾厂认为李小凤老实肯干，对技术有钻研精神，决定与她签订劳动合同。但在签订劳动合同时，李小凤发现在合同中有一条"女工必须年满26岁方可结婚"的规定，她认为这很难做到，于是提出要求修改这一条，可毛巾厂不同意。李小凤实在舍不得放弃这份工作，于是向当地的劳动争议仲裁委员会申诉。

劳动争议仲裁委员认为，用人单位限制女职工的婚姻自由，严重侵害了女工合法权益。在我国，妇女享有同男子平等的法律地位，我国《宪法》明确规定："妇女在政治的、经济的、文化的、社会的和家庭的生活等各方面享有同男子平等的权利。"任何限制和侵害女工的基本权利的行为都是违反我国法律规定的。企业只考虑生产需要，在劳动合同中不适当地对签订合同的女工的基本权利作出限制，这是不允许的，毛巾厂提供的格式劳动合同属于部分无效的劳动合同。法律不保护无效合同和无效条款所规定的当事人享有的权利，也不强制当事人履行无效合同或无效条款所规定的义务。因此,毛巾厂应删除这一条款,并与李小凤签订劳动合同。

6. 劳动合同虽然到期,哺乳女工的工作仍可保留

董某 1990 年 7 月 25 日与某纺织厂签订了 6 年的劳动合同,1995 年 12 月 28 日生育后休产假 90 天,1996 年 4 月 1 日回厂上班,1996 年 8 月 26 日合同到期后,厂方即通知董某办理终止合同的手续。此时,董某还在哺乳期内,提出不应终止合同,而该厂认为,《劳动法》第 23 条规定,劳动合同期满或者当事人约定的劳动合同终止条件出现,劳动合同即行终止,《劳动法》并没有规定女职工哺乳期内用人单位不能终止合同,坚持要与董某办理终止劳动合同手续,并从办理手续之日起停发董某工资。董某不服,向当地劳动争议仲裁委员会申诉。

劳动争议仲裁委员会认为,厂方不能终止与董某的劳动合同。其理由为:劳动部《关于贯彻执行〈中华人民共和国劳动法〉若干问题意见》规定,用人单位在女职工孕期、产期、哺乳期内,即使合同期满也不能终止劳动合同,必须延期到哺乳期满才能终止。劳动法虽然没有对终止劳动合同规定任何例外,但该若干意见从女职工生育和哺乳婴儿的实际出发,作为补充性的规定,无论对女工本人还是对下一代的健康成长都

有意义,这是全社会都应重视和关心的问题。对于这个问题,应按劳动部的意见处理。因此,合同虽到期,但在哺乳期内,女工的工作是有保障的。

7. 没有签订劳动合同,出了工伤怎么办?

小谭是某乡镇企业的搬运工,由于镇办厂劳动管理不规范,对于在不重要岗位的工人从不签订劳动合同。1999年4月份,在装货时,小谭不慎被货物压伤,后送往医院检查,诊断为腰间盘突出,需要静养较长时间。给小谭送去了800元钱,并通知他伤好以后就不要去上班了。小谭听后觉得厂里这样处理不合情理,于是到厂里与领导论理。厂领导说:你虽然在厂里工作这么多年,但厂里没有与你签订劳动合同,你出了事应自己承担,厂里给了你800元钱就算对得起你了。小谭听后大为不解,他心里想,难道没有签订劳动合同出了工伤就由我自己承担责任吗?

这件事情的争议焦点就是未签订劳动合同的劳动者出了工伤,是否受劳动法保护的问题。劳动部办公厅1994年3月24日给江苏省劳动厅的复函中第4条有这样一条答复:在处理劳动争议时,首先应督促双方当事人依照国家法律和地方法规的规定签订、续订或终止劳动合同;同时,要根据具体情况区分双方当事人在达成劳动关系过程中双方应承担的责任。

在此基础上,劳动争议仲裁委员会可按补签的劳动合同和争议的具体情况及形成事实劳动关系责任大小,予以妥善处理,如果当事人拒绝补签劳动合同,以及同意终止劳动合同的,劳动争议仲裁委员会应依照国家和地方法律、法规等有关规定处理。从这个批复可以看出,未签订劳动合同,但事实上存在劳动关系,劳动者的权益仍受法律保护,但应根据未签订劳动合同的过错责任大小处理。小谭可以根据上述规定,向当地劳动争议仲裁委员会申请仲裁,要求某乡镇企业承担因工伤花去的损失,并可以要求续签合同。此案给农民朋友提了醒:出外打工时,一定要与用人单位签订劳动合同,只有这样,自己的权益才有保障;如果用人单位拒绝签订劳动合同,在形成事实上的劳动关系后,也应要求补签劳动合同,使自己处在一种无责任的状况,权益也可受到法律保护。

8. 合同中约定的"工伤自理"无效

沈某与某装饰公司签订了劳动合同,在合同中规定合同期间"工伤自理"。在合同履行过程中,一次施工,沈某不幸摔伤,致使左膝严重骨折。事后该装饰公司给了沈某300元钱,明确表示再无责任。沈某住院40天,花去医疗费4000多元,生活非常困难,多次要求该装饰公司承担医疗费等损失,该公司均以合同已规定了"工伤自理"为由拒绝承担。沈某于是向当地劳动争议仲裁委员会提出要求沈某公司承担工伤医疗费等损失的申请。仲裁委员会认为双方所签订的劳动合同中的"工伤自理"条款无效，裁定某装饰公司应负担沈某的医疗费等损失。

我国《劳动法》第 18 条第 2 款规定："无效的劳动合同，从订立的时候起，就没有法律效力，确认劳动合同部分无效的，如果不影响其余部分的效力，其余部分仍然有效。"根据这一规定，某一劳动合同被确认无效以后，该劳动合同并非从确认无效之日起开始无

效,而是从订立起就没有法律效力,因劳动合同无效造成的损失,由过错方承担,双方都有过错的,各自承担相应的责任。在上面的案例中,合同中规定的合同期间"工伤自理"的条款违反劳动法中有关劳动保护的法律规定,为无效条款,故该装饰公司应承担工伤的赔偿责任。

9. 如此代理行为,法律岂能保护?

1996年4月份,4个农民进城打工,他们来到一建筑工地,正好工地要招收4名搅拌工,4个农民选了一位年长者在未出具书面委托书的情况下代其他3人与工程老板王某各签订了一份劳动合同,并约定了工资标准等。1996年7月,4人中的李某觉得自己的工资很低,通过熟人介绍认识了另一个工程老板,该老板答应给好的工作条件及工资待遇,于是李某向前一工程老板提出要到另一工地工作。该工程老板以合同未到期为由,不同意李某离开,但李某仍是离开了。工程老板王某向当地劳动争议仲裁委员会申诉,要求李某赔偿自动终止合同所造成的经济损失。

劳动争议仲裁委员会认为,双方签订的合同无效,王某的申诉没有得到支持。因为劳动合同主体的法律地位是平等的,必须达成意思表示一致才能签订合同。当事人在劳动合同中的签名是当事人法律上的意思表示,是对约定内容已接受的意思表示;一旦当事人作出签名行为,法律关系开始成立,合同规定的权利义务便开始履行,签名者对自己的行为应承担责任。在本案中,李某的合同是由人代理的,并出具委托手续,这份合同的订立违背了法律规定的原则,属无效合同,从订立之日起就没有法律效力。《劳动法》第16条也规定,劳动合同是劳动者与用人单位确立劳动关系,明确双方权利义务关系的协议。而作为劳动合同主体一方的劳动者具有不可替代性,劳动合同主体一方不合法,合同就无效。

10. 如此打工,被辞怨谁?

邱某1997年8月被一商店招聘为营业员, 双方签订了劳动合同,合同规定试用期为3个月。在试用期内邱某工作认真,服务态度很好。但试用期满后,邱某认为自己已是正式营业员,服务态度变差,并且经常与顾客吵架,虽经商店负责人多次批评教育,邱某仍然不改,商店领导最后决定将邱某辞退。对此,邱某不服,认为自己试用期内表现很好,且双方已签订了劳动合同,商店不能随意辞退她,因此向当地劳动争议仲裁委员会申诉。

劳动争议仲裁委员会认为,商店这种辞退行为符合《劳动法》第25条第2项的规定,是过失性辞退。也就是说邱某被辞,是因为自己的错误造成的。过失性辞退是指劳动者在劳动过程中存在某些重大过失时,用人单位有权单方解除劳动合同。邱某虽在试用期内被证明符合录用条件,但在日后的工作中严重违反劳动纪律和用人单位的规章制度,用人单位有权随时解除劳动合同,不需要提前通知劳动者,也不需给劳动者经济补偿。

11. 伤后不能胜任工作,被辞合法

1998年7月,陈某进城打工,并与某鞋厂签订了为期5年的劳动合同。1999年3月,陈某带女友乘车回家见父母,客车在路上发生严重交通事故,其女友当场死亡,陈某也被撞成重伤,大脑损伤严重,虽经住院治疗6个月,外伤已痊愈,但其大脑仍留下了严重的后遗症。陈某回厂后因不能从事原来的工作,厂方另行安排其做别的工作,陈某仍旧不能胜任。在这种情况下,厂方与陈某解除了劳动合同,并按国家规定给予了经济补偿。厂方这样做是不是落井下石呢?

厂方的这种行为是正确的。因为这属于用人单位的非过失性辞退,即劳动者患病或者非因工负伤,医疗期满后,不能从事原工作也不能从事由用人单位另行安排的工作的,用人单位可以解除合同。但在《全民所有制企业招收农民合同制工人的规定》中规定,农

民工患病或非因工负伤,企业应当根据劳动合同期限的长短给予3个月至6个月的停工医疗期,在这个期限内不能解除劳动合同。鞋厂是在陈某医疗期满后,仍不能正常工作的情况下,与其解除劳动合同并按国家规定给予经济补偿的,因此,鞋厂的做法合法,不能说是落井下石。

12."人往高处走,水往低处流"

农民王某进城打工,与某国有企业签订了5年的劳动合同,成为了一名合同制工人。王某很珍惜这份工作,平时工作勤勤恳恳,任劳任怨。该企业为了表彰鼓励王某,进厂的第二年就为其办理了养老保险,并将该条款补充写进了合同,即为其办理4年的养老保险,合同期满后,可为其转移劳动保险。合同期满后,该企业以生产经营为由,要求与王某续订劳动合同。王某为了寻求发展,想到更适合自己的地方去工作,于是拒绝续订合同,而该企业却以不转移养老保险为由,强求王某续订合同。王某认为自己劳动合同到期后,为寻求更大的发展而拒绝续签合同是合理的,俗话说"人往高处走,水往低处流"嘛,自己有权重新选择用人单位,原企业应按合同约定为其转移养老保险。

在该事例中,合同制工人王某与某国有企业签订的五年劳动合同到期后,王某与该企业的劳动合同就

自然终止了，王某与该企业的权利义务关系也就终
止。企业要续订劳动合同，须征得王某同意，不能以不
转移养老保险为由，强求王某续订合同。企业的做法
既与签订劳动合同的原则相违背，也侵犯了劳动者王
某的合法权益，即使王某在威胁下签订了劳动合同，
也是无效合同。王某的"人往高处走，水往低处流"的
想法是合法的。

13. 非法招童工，害人也害己

马某等三人初中毕业后没有考上高中，回乡务
农。由于家里生活比较苦，家长为了改善家庭经济条
件，便让三个刚满 15 岁的孩子出外打工。进城后，一
建筑工地老板看见三个农村孩子，心想这廉价的劳动
力不用白不用，于是招收他们在工地当搬运工。由于
工地活重，且工作时间长，马某三人的身体遭到了不
同程度的损害，但三个孩子为赚钱，仍咬牙坚持。在一
次劳动局组织的用工情况检查中，检查人员发现了上
述违法情形，当即对工地老板进行了处罚，并立即撤
销了他们之间的劳动合同。

从这个案件中我们可以看出，《劳动法》对童工招
用是有禁止性规定的，即禁止国家机关、社会团体、企
事业单位和个体工商户、农民、城镇居民使用童工，父
母或其监护人不得允许未满 16 周岁的子女或者被监

护人作童工。因为未满 16 周岁的少年儿童正处于学习文化知识、为祖国积蓄力量的阶段,尚不具备作为一个完全的劳动者的条件。使用童工不仅剥夺了少年儿童身心健康发育的权利及受教育的权利,甚至对国家和社会未来劳动力的供给水平也将产生影响。国家在限制招用童工的同时,还对使用童工的业主规定了罚款的标准,这是为了进一步使禁止使用童工的政策得到更好的贯彻执行。

14. 企业拖欠工资,职工可以解除合同吗?

刘某 1995 年从农村被招工到一家乡镇瓷厂工作,并与该瓷厂签订了劳动合同。由于刘某在工作中勤学苦干,他的生产技能一天天地得到提高,并连续三年被评为先进工作者。1998 年,由于建材市场的疲软,瓷厂销出去的瓷砖货款回笼难,使得瓷厂资金周转困难,连续 3 个月没有给工人发工资。刘某平时就靠工资生活,也没有什么积蓄,工资停发造成刘某生活困难。刘某找厂长要求发工资,厂长说企业现在也很困难,要求刘某克服困难。刘某又等了 1 个月,厂里仍发不出工资。于是刘某找到厂长,要求解除劳动合同。厂长说:"你与瓷厂签订的劳动合同未到期,你无权提出解除合同。"刘某认为企业不能按时发放工人工资,已违反了合同的约定,自己有权解除劳动合同。

　　刘某的行为是正确的。因为《劳动法》第 32 条第 3 项规定,用人单位未按劳动合同的约定支付劳动报酬或提供劳动条件,劳动者可以随时通知用人单位解除劳动合同,并且规定工资应当以货币形式按月支付给劳动者本人。在本案中,瓷厂连续 4 个月不按合同约定支付刘某的工资,构成了对劳动者享有劳动报酬权益的侵犯, 刘某提出解除劳动合同的行为是正确的,瓷厂应与其办理解除劳动合同手续。

劳动仲裁

15. 用工不作岗前培训,发生事故害人害己

　　1997年2月16日,江西高安市农民李忠到焦作市王显光开办的弹花店打工,双方口头商定:王显光负责李忠的吃住,第一年劳动报酬2000元,第二年3000元,任务是在弹花铺里卷棉花。当日,王显光即在弹花铺里向李忠讲解了弹花机的构造、使用及注意事项。三天后,即2月20日上午,李忠在弹棉花时,棉花卡机,他便用左手将压棍的一端撑起,右手伸进机器43厘米处,想将卡住的棉花弄出来,不幸碰到高速运转的刺棍,右手从手腕部被切下,切下部分被机器碾得粉碎。

　　王显光见状,立即租车将李忠送往医院治疗,并通知李的家人。李忠住院12天,医疗费2200元王显光已全部承担,并且王显光与李的父亲达成赔偿协议,王除全部承担李的医疗费外,还一次性补偿李5000元安家费。王履行了协议。不料李忠回到老家后,经法医鉴定为右前臂中下段受伤,致使右手缺失,属五级伤残。考虑到以后生活困难,李忠向王显光提出了追加生活费的要求,遭到拒绝。李忠便向法院起诉,要求王显光支付伤残生活补助费等4万余元。

　　法院审理后认为,原告之父与被告所签订的赔偿协议,不是原告本人的真实意思表示,是无效协议;原

告因工致五级伤残的严重后果与被告缺乏岗前培训、忽视安全措施有关,具有不可推卸的责任,原告不要求岗前培训、操作不当也有过错。最后法院判决,由王显光支付李忠工伤致残生活补偿费 3 万元,扣除已支付 5000 元,应再支付 2.5 万元,剩余费用由原告自己承担。

16. 由于第三人的过错,造成劳动合同不能履行或不能完全履行的,应由谁承担责任?

市物资公司在与某建筑工程公司签订承包修建招待所大楼合同的同时,便开始招聘服务人员。后经过考核,决定录用女青年赵莉等 5 人为招待所服务员,并于 1996 年 9 月与他们签订了劳动合同。合同规定赵莉等 5 人于 1997 年 5 月工程竣工后来招待所正式上班,在此之前,由市物资公司负责对赵莉等 5 人进行培训。从 1996 年 10 月至 1997 年 4 月赵莉等 5 人分别在当地一家宾馆的餐饮部和住宿部进行了岗位培训。1997 年 5 月,赵莉等 5 人来市物资公司要求正式上班,但市物资公司说招待所大楼还未建好,不能按原合同约定时间上班,让赵莉等 5 人回家等候通知。1997 年 12 月,市物资公司通知赵莉等 5 人,原劳动合同因招待所未能建成而无法履行,因此要求解除合同。赵莉等 5 人要求市物资公司履行合同,并且补发 5 至 12 月的工资。赵莉等 5 人的要求合理吗？

市物资公司单方面要求终止合同的履行，虽然是由于某建筑公司使赵莉等人半年多不能上班的行为引起的，蒙受经济损失，其直接原因都是由于市物资公司没有如期履行劳动合同，所以赵莉等 5 人要求市物资公司补发 5 至 12 月的工资的要求是合理的。但因签订合同的前提条件发生了变化，因此，合同应终止。

本案是有关第三人过错导致合同不能履行的劳动争议。由于某建筑公司的过错，使物资招待所大楼迟迟不能完工，导致该公司与赵莉等 5 人的劳动合同不能履行，市物资公司完全是被迫无奈，自己并无过错可言，且为履行合同已支付了一笔培训费用，因此亦是受害者。某建筑公司是与市物资公司有合同关系的第三者，由于它的过错造成的损害，虽然最终要由它承担，但它与赵莉等 5 人并无直接的权利义务关系，赵莉等 5 人的损失首先要由市物资公司负责赔偿，然后再由物资公司向建筑公司提出赔偿。

17. 随意"跳槽"，赔了夫人又折兵

王某是某单位高薪聘请的专业技术人员，与用人单位签订了为期 10 年的劳动合同，但其在该单位工作 4 年后不辞而别。用人单位出于爱才，在王某离开单位一年期间工资奖金仍如数照发。一年后发现王某

早已应聘到另一家公司,用人单位遂向当地劳动争议仲裁委员会提出申诉,要求王某承担违约责任并追究某公司的连带赔偿责任。另一公司得知真情后,与王某终止了劳动合同。那么,王某错在哪里?

劳动合同是明确用人单位和劳动者之间劳动法律关系的协议,任何一方都应当按照合同的规定全面而准确地履行,否则就应承担相应的责任。上述劳动争议中,王某同原用人单位未解除劳动关系,便不辞而别,属于违约行为。因此,原用人单位有权依据劳动合同和法律规定,要求王某履行义务,赔偿损失。

《劳动法》第99条还规定:"用人单位招用尚未解除劳动合同的劳动者,对原用人单位造成经济损失的,该用人单位应当依法承担连带赔偿责任。"其连带赔偿的份额应不低于对原用人单位造成经济损失总额的70%,具体应向原用人单位赔偿下列损失:(1)对生产、经营和工作造成的直接经济损失;(2)因获取商业秘密给原用人单位造成的经济损失。据此,某公司聘用王某的行为违反了法律规定,应承担连带责任。

今天,随着用人制度的进一步完善,劳动者和用人单位的选择权越来越充分,劳动者纷纷"跳槽"是适应市场经济的需要,但是这种择业自由应该以尊重和不违反劳动合同为前提。同时,用人单位也不应聘用尚未与原单位解除劳动合同的劳动者,否则,一旦发生劳动争议便要承担连带赔偿责任。

18. 用人单位变相延长工作时间该怎么办?

李虎等 4 位农民进城打工，并与一家瓷厂签订了劳动合同，合同中规定每天的劳动时间按国家标准定。自1998 年 7 月起，该瓷厂法定代表人鲁某以生产任务紧为由，将原来 7 人承担的包装任务改由李虎等 4 人承担。半个月后，李虎等 4 人因工作量较大，向厂长要求增加人数，厂长不同意，这样李虎等人每天得多工作两个多小时才能完成任务。3 个月后，李虎等 4 人均感身体极度疲乏，又一次找到厂长，但厂长却说:"干不了，可以走嘛。"李虎等 4 人听后很生气但又不知该怎么办。

工作时间是指劳动者为用人单位从事生产和工作的时间，工作时间以小时为计算单位，它包括每日工作的小时数和每周工作的天数和小时数。

工作时间有如下特征:(1) 工作时间是法定的;(2)工作时间不限于实际工作时间，还包括工作准备时间和交接班时间，以及中间的休息时间，女职工哺乳时间，出差时间等;(3)工作时间是劳动者履行劳动义务的时间;(4)工作时间是用人单位计发劳动报酬的依据之一。

国家规定，职工每日工作 8 小时，每周工作 40

小时,企业根据实际情况灵活安排周休息日。

　　在本案中,李虎等与瓷厂签订的劳动合同中规定劳动时间按国家标准执行,即每日工作8小时,每周工作40小时,而瓷厂却利用减少人员的办法,不但加大了劳动强度,而且变相延长了劳动时间,这是对劳动者合法权益的侵害,并且有损于劳动者的身体健康。依照《劳动法》的规定,"安排劳动者延长工作时间的,支付不低于工资150%的工资报酬"。因此,李虎等4人除要求增加人员以外,还应要求瓷厂补发延长工作时间的工资,如果瓷厂对这些合理要求不理,李虎等4人可以向当地劳动争议仲裁机构申诉。

19.职工休息日加班,安排补休无加班工资

朱某系某铸造厂铸造车间工人,1996 年 7 月 8 日、9 日,因该车间另一名工人患病休息两天,而朱某恰在这两天公休,经协商朱某在这两天休息日顶替另一名工人。过后,车间领导马上安排朱某休息两天。月底发工资时,朱某提出自己在公休日加班,应支付工资200%的工资报酬。铸造厂因已安排朱某补休两天,拒绝再给朱某发加班工资。朱某的要求合理吗?

这个案件关键问题是工人双休日加班安排补休的,是否还需支付加班工资。

企业因生产经营需要,经与职工协商可以依法安排职工在休息日加班。凡安排职工在休息日加班的,首先应安排职工补休,如果安排了补休,则可不支付加班工资,职工也不能向企业提出发给加班工资的要求。1995 年 3 月国务院发布了《国务院关于修改〈国务院关于职工工作时间规定〉的决定》,其中规定:"国家机关、事业单位实行统一的工作时间,星期六和星期日为休息日。企业和不能实行前款规定的统一工作时间的事业单位,可根据实际情况灵活安排周休日。"在本案中,企业只是变动了朱某的周休日,其做法是完全合法的,朱某的要求才是错误的。

20. 外企员工的工作时间同样受劳动法保护

顺义玩具厂是一家外商投资企业，段祥于 1997 年 3 月被该玩具厂招收为员工,试用期为 6 个月。当年 5 月后,由于玩具厂订单大量增加,工作量大经常加班加点,厂方以招工时已有加班不付加班费的协议为由,不发给工人加班工资,只发给每人每小时 0.5 元的加班补助。为此,段祥曾向玩具厂负责人提出减少加班时间或发给加班工资的要求,但遭到厂方的拒绝。厂方负责人还说,玩具厂是外资企业,在他这里工作的时间不受《劳动法》中关于工作时间规定的约束。厂方负责人说法有道理吗?

本案主要涉及到两个问题,其一是外商投资企业能否随意延长工人的劳动时间;其二是外商投资企业加班应受哪些限制。

根据我国《劳动法》第 2 条规定:"在中华人民共和国境内的企业、个体经济组织和与之形成劳动关系的劳动者,适用本法。"因此在我国境内的外资企业同样适用劳动法,外商投资企业延长劳动时间同样应遵守我国法律。在一般情况下,企业应合理安排工作时间和休息时间,但在特殊情况下,国家也允许企业加班加点,但同时规定加班须办理合法手续。

目前我国的法律法规对劳动时间有原则性的规定,对于这些规定,外资企业亦应遵守。《劳动法》第

41 条规定:"用人单位由于生产经营需要,经与工会和劳动者协商后,可以延长劳动时间,但每日不超过1小时,因特殊原因需要延长工作时间的,在保障劳动者身体健康的条件下延长劳动时间每日不超过 3小时,但每月不超过 36 小时。"同时还规定延长劳动时间,用人单位按下列标准支付高于劳动者正常工资的工资报酬:(1)安排劳动者延长劳动时间的,支付不低于工资 150%的工资报酬;(2) 休息日安排劳动者工作不能安排补休的,支付不低于工资 200%的工资报酬;(3)法定休息日安排劳动者工作,支付不低于工资 300%的工资报酬。

据此,该玩具厂故意延长劳动时间,且严重影响了职工身体健康,侵犯了职工的权利;玩具厂不发给工人加班工资,更严重侵犯了工人的合法权益。

21. 厂方要求合同制工人履行合同外事项该怎么办?

沿海某市一企业与合同制工人签订了 5 年的劳动合同。两年后,该企业要扩大生产,引进新的机器设备,要求企业职工每人出资 1500 元,如果不交,不发年终奖。对此,工人该怎么办呢?

劳动合同是劳动者与用人单位确定劳动关系、明确双方权利和义务的协议。劳动合同是建立劳动关系的一种法律形式,以合同的形式在平等自愿、协商一致的基础上确定劳动者与用人单位的权利义务,一方面合同当事人之间存在着职业从属关系,另一方面合同双方当事人的权利义务是统一的。

根据上述分析,与厂方签订了劳动合同的合同制工人是否应交1500元的问题,要看合同中是否有约定,如果合同中有约定,同时这一集资方式又不违反国家法律法规的话,合同制工人就应积极履行合同规定的义务;如果合同中没有约定,合同制工人就没有义务出资,厂方也不能因此而扣发合同制工人的年终奖。如果合同制工人与厂方产生争议,可以协商解决,也可以依法申请调解、仲裁、提起诉讼。

22. 男女工人应同工同酬

女农民丁某原在乡镇企业,是一名熟练的制造工,为了寻求更大的发展,她到某市一铝制品厂工作。因为丁某在乡镇企业是一名熟练工人,到市铝制品厂后,很快受到了厂里的好评,并且提前结束试用期。丁某在一次领工资时发现自己的工资比同车间的男性制造工的工资低。丁某找到厂劳资科的工作人员询问原因,得到的答复是,丁某是新进来的,适应新环境,工作步入正轨需要一段时间,况且丁某在体力上毕竟不如男性,因此丁某的工作成果不如其他工人,工资也少。而丁某认为,自己虽然是新进来的,但所从事的工作种类与原来从事的毫无差别,且在技术上还较某些男性熟练,因此,不需要适应阶段,工作早已进入正轨,这一点从提前结束试用期可以证明,自己的工作产量也不比某些男工人少。据此,丁某坚决要求铝制品厂支付其与男性工人同样的报酬。

本案所涉及到的是劳动者工资分配中的一个重要原则:同工同酬,即工资分配应当遵循按劳分配原则,男女工人实行同工同酬。

本案中,铝制品厂制造工这一岗位,不属于女职工不能从事的劳动,丁某有权在这一岗位上工作。同时,丁某的劳动成果也达到了整个车间的平均水平,甚至超过了某些男性工人的生产量,这说明,丁某已完全做到了与男性工人"同工",那么,铝制品厂就必须依法向丁某支付与男性工人相同的报酬。因此,铝制品厂降低丁某的工资标准是错误的,应按与男性制造工同等的工资标准,向丁某支付工资。丁某要求铝制品厂支付其与男性制造工同样的报酬的要求是合理的。

23. 工伤工资被扣发,被罚并加补偿金

李某1994年9月被一家私营企业雇用,签订了为期5年的劳动合同。1996年5月,李某因工伤住院治疗一个多月,出院后该企业老板为其报销了全部药

费和住院费,但却以李某住院期间误工为由扣发全部工资,李某多次催要均遭老板拒绝。为此,李某向当地劳动争议仲裁委员会提出申请,要求企业补发所扣工资。结果该企业不但补发了李某的工资,还被罚加发补偿金。

　我国劳动法规定,职工因工负伤或患职业病,依法享受社会保险待遇。《劳动保险条例》也规定,工人与职工因工负伤,其全部诊疗费、医药费、住院费、住院时的膳食费及就医路费,均由企业行政或资方负担;在医疗期间,工资照发。

本案中,该企业老板把职工住院看成误工,是没有法律依据的。工伤医疗期间克扣或无故拖欠职工工资是违法的。劳动部发布的《违反和解除劳动合同的经济补偿办法》第3条规定,用人单位克扣或无故拖欠劳动者的工资的,除在规定时间内全额支付劳动者工资报酬外,还需加发相当于工资报酬25%的经济补偿金。因此,该私营企业在补发李某全部工资的同时,还被罚加发给李某工资25%的经济补偿金是有法律依据的。

这个案例告诉人们,作为私营企业的老板,在工资问题上,应当严格执行劳动法的有关规定,不得随意扣发或拖欠劳动者工资,否则,不仅要全部补发所扣工资,而且还要受到加付补偿金的处罚。作为私营企业的工人,要学法、懂法,在自己合法权益受到侵害时,要依据法律规定据理力争,依法保护自己的权益。

24. 无故克扣工资无理

王某等4人是装修工人,受雇于一家私营装修公司,分别从事室内装修与水电安装工作。经商定双方签订了劳动合同,合同规定王某等4人每月工资800元,合同期限4个月。但到年终工期届满时,老板则提出他们在生产中浪费原材料,要他们赔偿损失,为此老板只付给当年10月份和11月份的工资,还要求他们帮助赶一批活,不让他们回家,同时扣押了他们的身份证和行李。王某等4人不知如何是好。

《劳动法》第50条规定:"工资应当以货币形式按月支付给劳动者本人。不得克扣或者无故拖欠劳动者的工资。"这条规定,不论是国有企业、集体企业,还是私营企业,都必须遵守。这个私营企业违背了这一规定,在当年年底工期届满时,克扣工人两个月工资,这是对工人合法权益的侵犯。

同时,《劳动法》第23条规定:"劳动合同期满或当事人约定的劳动合同终止条件出现,劳动合同即行终止。"如果生产工作需要,那么在双方同意的条件下,可以续订劳动合同,这家私营企业与工人订立的合同期满后,未征得工人的同意与工人续订劳动合同,就强制工人再赶一批活,不让工人回家,并且采取扣押行李与身份证的做法是错误的,违反了"平等自愿,协商一致"的原则。

至于工人在生产中浪费原材料的问题,则应该从两个方面来看:一方面,假使在生产劳动中,工人由于自己粗心大意,责任心不强,从而造成原材料浪费,给企业带来严重的经济损失,那么,企业要求酌情赔偿部分损失,是合理的;另一方面,如果企业以工人浪费原材料为借口,克扣或拖欠工人工资,就是违法行为。

综上所述,王某等4人可以向当地劳动争议仲裁委员会申诉或向人民法院起诉。

25. 工人工作无过错,企业无权扣工资

1996 年 3 月,某瓷厂业务员于某与广州一建材商店签订了买卖瓷砖合同,合同约定瓷厂在两个月内为建材商店生产一批瓷砖,建材商店带款到瓷厂提货。瓷厂依合同在两个月内完成了这批货。5 月底,广州的建材商店一直未来提货,瓷厂只好派业务员于某去广州催款。于某在广州了解到对方因工地没有中标,打算不要这批货,但对方同意赔偿给瓷厂造成的损失。于某回厂后,向厂领导汇报了情况,不料厂长大骂于某,指责于某办事不力,让财务科扣发于某当月工资。厂长的这种做法对吗?

厂长的做法是错误的,瓷厂应补发所扣于某的当月全部工资。

《劳动法》第 50 条明确规定,劳动者提供了正常的劳动,用人单位不得克扣或者无故拖欠劳动者工资,这是对劳动者工资报酬的保护。从上述规定中可以看出,企业能否"克扣"劳动者的工资,有两个方面的衡量标准:一是劳动者是否提供了正常劳动,二是企业是否有正当理由。很显然,在本案中该瓷厂的做法确实属于无故克扣职工工资的违法行为,因为职工于某向该厂提供了正常劳动,该公司扣发于某当月的

工资无正当理由,于某作为厂方的业务员,在业务工作中发现对方不能按时发货是有客观原因的,对方也答应赔偿损失,于某本人并无过错,瓷厂以于某办事不力为由扣发工资无事实根据。

另外,劳动部也规定了扣发工资的五个方面的法定事由:(1)国家法律法规中明确规定的;(2)依法签订的劳动合同中有明确规定的;(3)用人单位依法制定并经职代会批准的厂规、厂纪中有明确规定的;(4)企业工资总额与经济效益相联系,经济效益下浮时,工资必须下浮(但支付给劳动者的工资不得低于当地最低工资标准);(5)因劳动者请假等相应减发工资。在本案中,该厂扣发于某的工资不在上述事由之列。这也进一步证明了瓷厂的做法是违法的。

26. 职工被错误拘留,企业能否扣发工资?

青年农民黄某在一家汽修厂打工,因涉嫌参与赌博活动被当地公安机关拘留10天,后经公安机关调查核实,黄某没有参加赌博活动,故将其放回。黄某被拘留期间,企业扣发了他的工资,黄某以其是被公安机关错误拘留为由,要求企业补发被扣发的工资,企业以黄某的错误拘留与企业无关,职工被拘留扣发工资有法律依据为由,拒绝了黄某的要求。那么,企业能否扣发职工被错误拘留期间的工资呢?

这个问题我们要从两个方面来分析:首先劳动者从企业获得的给付工资的权利是以其向企业提供了正常的劳动义务为前提条件的,黄某在被公安机关拘留期间没有为企业提供正常的劳动,就无权要求企业向其支付工资,黄某的损失,不是企业造成的,企业也就没有赔偿黄某损失的义务;其次,黄某在被公安机关拘留期间,实际上已无法履行劳动合同规定的劳动义务,因此该期间劳动合同已经客观地暂时停止履行,而这种停止与企业无关,企业也就不承担任何责任,没有按合同支付黄某工资的义务。所以黄某的工资损失,不应该要求企业赔偿,而应按《国家赔偿法》的有关规定,向拘留自己的公安机关要求赔偿。

27. 如此代领工资,企业应负责任

田某和于某是同村人,两人一起与某棉纺厂签订了劳动合同,平时也经常在一起玩。一次发工资时,田某因家有急事而没有按时去领工资,于某在领工资时,问出纳能否代领田某的工资,出纳看见平时于某与田某两人关系很好,就未加思索,让于某代田某领了工资,于某在工资单上签了名。回厂后,田某到厂财务室领取工资时,得知工资已被于某领走时,去找于某,于某因涉嫌流氓活动已不知去向。田某多次找厂领导交涉,厂方以工资已被其好友领走为由,要求田

某去找于某要。企业有权将劳动者的工资发给他人吗?棉纺厂应否赔偿田某的损失呢?农民朋友,如果打工碰到这样的问题,你知道怎样办吗?

《劳动法》第 50 条规定:工资应以货币的形式按月支付给劳动者本人。这里已指出了要求将工资支付给劳动者本人,劳动者因故不能领取工资时,可由其亲属或委托人代领,委托人必须由劳动者本人委托。《劳动法》这样规定的目的,是为了保护劳动者自主使用自己工资的权利。本案中,棉纺厂在未征得田某同意,也未见于某持有田某的委托书的情况下,让于某代领田某的工资,所以棉纺厂应承担田某被于某代领工资不还的赔偿责任。

28. 对于拖欠工资的诉讼,当事人是否可以申请先予执行?

农民高某进城打工, 与某私营企业签订了劳动合同,后因该私营企业经营不善,连续几个月没有给他及其他工人发工资。高某多次要求该企业发放拖欠自己的工资,该企业主总是以无钱为由拒付,而自己却坐着豪华车。在工人们多次催款情况下,该企业主说,我现在没有钱,你们去法院起诉。高某听后,考虑到现在家里孩子上学急等钱用,想到法院去起诉,但不知法院能否很快帮他讨回拖欠的工资, 解决孩子的学费问题。

在本案中, 高某考虑的问题是法院能否很快地帮其追付拖欠的工资,如果按正常的诉讼程序,确实要经过一段时间,但《中华人民共和国民事诉讼法》第 94 条规定,人民法院对下列案件,根据当事人的申请,可以裁定先予执行:(1)追索赡养费、扶养费、抚育费、抚恤金、医疗费用的;(2)追索劳动报酬的;(3)因紧急情况需要先予执行的。高某的情况属于第二种可以采取先予执行的法定事由。因此,高某在向法院起诉的同时, 可以向法院递交先予执行的申请书,法院可以作出先予执行的裁定,一定能很快为其追付拖欠的工资,以解决其孩子的学费问题。

29. 企业不能借集资扣发工人的工资

某私营企业为了增强自己产品在市场上的竞争能力,需要购买一台新设备,但资金又没有来源,因此决定在职工中集资购买新设备。该私营企业规定每个职工在3个月内缴交集资款5000元,超期未缴者每月只发120元的生活费,工资余额由企业财务代扣作为集资款,集资款未交足前不计息。张某等16名职工因来自农村,无力缴交集资款,被连续扣了几个月的工资。那么该私营企业的做法正确吗?张某等16名工人该怎么办呢?

该私营企业的做法是错误的,张某等16名工人可以向当地的劳动争议仲裁委员会申诉,要求该私营企业补发所扣的工资。

《劳动法》第50条规定,工资当以货币形式按月支付给劳动者本人,不得克扣或无故拖欠劳动者工资。用人单位代扣劳动者的工资也只有下列几种情况:(1)用人单位代扣代缴的个人所得税;(2)用人单位代扣代缴的应由劳动者负担的各项社会保险费用;(3)法院判决、裁定中要求代扣抚养费、赡养费及其他债务的;(4)法律、法规规定可以从劳动者工资中扣除的其他费用。该私营企业借集资为名扣发工人工资是不符合上述规定的。

企业采取集资方式发展生产、解决资金的不足是可以的,但必须征得职工的同意,并且由职工自愿参加,不允许强制集资,更不能以扣发工资的方式集资,这样做,严重侵犯了工人的领取报酬的权利。

30. 工人因过失造成企业的损失,能否扣工资抵偿?

青年农民张某在一家汽车修理厂打工,从事修理业务。在一次对一辆小轿车的发动机维修过程中,由于张某的粗心大意,未将发动机内部的一配件装配好,致使在试车过程中,将发动机内多个部件打烂,造成了3000多元的经济损失,后经修理厂研究决定扣发张某3个月的工资来赔偿因其工作失误造成的损失。那么,修理厂的做法正确吗?

本案提出了一个非常敏感的问题,即企业在因工人的过失造成损失的情况下是否有权扣发工人的工资。劳动部《工资支付暂行规定》(劳发[1994]489号)第16条规定:"因劳动者本人原因给用人单位造成经济损失的,用人单位可以按照合同的约定要求其赔偿经济损失,经济损失的赔偿,可从劳动者每月的工资中扣除。但每月扣除部分不得超过劳动者每月工资的20%。若扣除后的剩余工资部分低于当地最低工资标准,则按当地最低工资标准支付。"在本案中,由于张某的过失给修理厂造成了经济损失,企业有权要求张某进行赔偿,扣发其工资,但应严格按劳动部的规定

执行,即每月只能扣发其工资的 20%,而不能将一个
月的工资全部扣完。

31. 企业破产后,民工的伤残费怎么办?

　　一民工因公负伤, 经医院和法医鉴定为七级残
废,法院判决该民工所在单位应负担其医疗费、伤残
补助费、后期治疗费 11.5 万元,但这家企业现在已经
破产。那么,企业破产后,民工的伤残费等费用该怎么
办?

　　民工因公负伤,经法院判决用人单位应承担医疗
费、伤残补助费、后期治疗费等费用,从法律上讲,伤
残民工与用人单位已形成了债权债务关系,伤残民工
为债权人,用人单位为债务人,如果上述费用未经执
行或全部执行,用人单位就已宣告破产,那么,根据我
国《企业破产法》第 11 条的规定,法院受理破产案件
后,对债务人的其他民事执行程序必须中止。

　　执行中止后,伤残民工可凭法院判决书向受理破
产案件的法院申报债权,如受理破产案件的法院裁定
宣告债务人破产,被中止执行的财产应当作为破产财
产;如果债务人不被宣告破产,被中止的执行程序应
恢复。

　　企业破产法规定破产财产优先拨付破产费用后,
按照下列顺序清偿:(1) 破产企业所欠职工工资和劳

动保险费用;(2)破产企业所欠税款;(3)破产债权。破产财产不足,不能满足同一顺序的清偿要求,按比例清偿。法院判决给民工的医疗费等属于劳动保险费用,属于第一顺序清偿的债权。因此伤残民工能否得到全部赔偿,关键在于用人单位破产财产的多少。

32. 职工无故旷工应受罚

农民吴秋平在一乡办林场打工,双方签订了为期5年的劳动合同。1994年吴秋平在没有请假的情况下2个月没有上班, 在旷工期间, 林场多次对其批评教育,劝其遵守劳动纪律,按时上班,吴秋平均以有病为由置之不理,但又未能向林场提供需要休息的证明材料。为此,林场作出了与吴秋平终止劳动合同的决定。林场的决定是否正确呢?

企业的劳动纪律,是维护企业的生产秩序、提高劳动生产率的重要保证,遵守劳动纪律是劳动者应尽的义务,违反劳动纪律应得到相应处罚。我国《劳动法》第25条规定:"劳动者严重违反劳动纪律或用人单位规章制度的,用人单位可以解除劳动合同。"在这个案件中,林场多次对吴秋平进行批评教育,而吴仍是我行我素,对林场的批评置之不理,林场作出与吴秋平终止劳动合同的处罚是符合法律规定的,是正确的。通过这个案件,农民朋友当自诫:在打工时,一定要遵守劳动纪律及用人单位的规章制度,否则,就会造成被辞退的后果。

33. 这样的工伤事故,用人单位应负责

打工者朱海丽经人介绍,到某装饰材料厂做季节工,双方没有签订书面劳动合同,也没有缴纳社会保险费,但双方口头约定,工厂有活朱海丽就来干,无活就回去,朱领取计件工资。1998年9月14日,朱海丽上夜班,按照分工她是一名补板工,晚8时许,朱所在班的带班长让朱与同岗位的职工张俊英到搅锅旁帮忙倒料,同时示意其过去摁电钮,因朱海丽正站在电钮附近,随即过去打开搅锅电钮开关。这时张俊英从其对面递过一袋重3公斤左右的料袋,朱在接料时,右手无名指被搅锅上方无任何防护装置的齿轮绞伤。后进行了截指手术,伤残鉴定为十级伤残。经该厂工人证实,厂方允许工人在完成自己本职工作的间隙到其他岗位帮忙。事故发生后,厂方为朱海丽支付了前期医疗费、交通费以及住院期间的护理费等,对于朱的后期医疗费以及其他费用,厂方则以工厂经济效益差,朱海丽未与工厂签订书面劳动合同为由拒绝支付。那么,像这样的工伤事故应否由用人单位承担责任呢?

用人单位与劳动者建立劳动关系应当依照劳动

法的规定订立劳动合同，以此规范双方权利义务关系，避免可能发生的劳动纠纷，这也是我国劳动法有关建立劳动关系应当以书面形式订立劳动合同的目的所在。但在实践中，因各种原因，不少用人单位与劳动者未订立劳动合同，只是口头约定的情况还普遍存在。因此，在未订立劳动合同的情况下，双方发生争议，应当依据争议的具体原因和劳动法规定的保护劳动者合法权益的立法宗旨进行处理。

本案中，双方虽未签订劳动合同，但双方形成了事实劳动关系，该劳动关系的主体和主体的意思表示等实质方面不与法律相违背，因而这一劳动关系有效。朱付出了劳动，就应享有获得劳动报酬和劳动安全卫生等权利，厂方有义务为朱提供符合规定的劳动安全卫生条件。由于厂方安全保护工作没有做好，使朱在工作中受到伤害，应承担相应的责任。因为，厂方以没有签订劳动合同为由推卸责任是不对的，该工伤事故应由用人单位承担责任。

34. 病休也应遵守劳动合同

农民李静与某丝绸厂签订了书面劳动合同，期限为3年。在合同期间，李静感染上了风寒，后经过一段时间治疗，经所在地卫生防疫部门体检合格，丝绸厂通知李静回厂上班。而李静在接到通知后一星期未回厂上班,厂方认为李静严重违纪,作出了与李静解除合同的决定。李静称自己有孕在身,反应强烈,这几天在医院检查,按照国家规定,孕妇产前检查应视为出勤,而不是旷工,也就不能算是违纪。为此,李静还出示了医院开具的妊娠呕吐病休假条一张,假期为一星期,作为厂方不能与其解除劳动合同的凭证。李静的理由合法吗?

　　根据劳动法的规定,每个职工都有义务遵守用人单位的劳动纪律和规章制度。劳动部《关于职工劳动保护规定问题解答》的有关规定是为了保证医疗部门

对孕妇和胎儿进行有效的监护作出的特殊规定,但是,其中规定按照卫生部门的要求所作检查,应该是定期的常规检查,而不包括不定期的其他检查和治疗。

本案中李静虽然向厂方提交了医院建议休假的证明,但未经厂方有关部门和主管人员批准擅自休假,事后又不主动说明情况。因此,厂方认为其严重违纪,作出与其解除劳动合同的决定,并无不当。李静的理由不充分,不应支持。

35. 被发包的企业亏损,所欠工资由发包方支付

某乡镇农工商总公司下属有一果园,为非法人单位。1992年,张某与农工商公司签订了承包果园的合同,有效期5年,承包人负责果园的生产经营管理,保证上交利润,并交纳一定的风险抵押金,张某有用工权等,但果园职工的工资计划须由农工商公司审批,由果园发放。同年,张某与职工签订了劳动合同,规定了每人每月的工资及奖金等,后由于各种原因,果园亏损,欠工资1万余元。职工向张某索要,张某以果园亏损没钱支付为由,要求职工向农工商公司要,但农工商公司认为工资应由张某支付。那么,职工的工资到底应问谁要呢?

从案情来看,职工的工资应由农工商总公司承

担。理由是：

(1)果园是非法人单位,没有独立承担民事责任的能力,应由其主管部门农工商公司承担,尽管承包协议规定张某有用工权, 但张某与职工签订劳动合同,在法律上,并不代表自己,也不代表果园,而是行使农工商公司授予他的权利,即代表农工商公司与职工签订劳动合同。

(2) 本案实际上是农工商公司欠职工的工资,张某虽以承包人的身份与职工签订了劳动合同,但农工商公司应按合同支付工人工资,不能以果园亏损为由而不发工人工资。

36. 农民轮换工能否享受因工负伤待遇?

林某是某煤矿招收的农民轮换工。一次林某和另一名矿工正在井下作业,突然从井的上面掉下一大块煤,将其右脚砸伤,当即送往医院住院治疗,医院诊断为粉碎性骨折。医疗终结后,经劳动鉴定委员会鉴定为工伤6级,大部分丧失劳动能力。煤矿认为林某是农民工,不是国有企业的正式职工,不能享受因工负伤的待遇,因此和林某协商决定一次性补给林某生活补助费7000元。林某对此有意见, 但又不知如何是好。

农民轮换工因工负伤待遇,是指矿山、铁路等交

通部门装卸搬运企业等实行轮换制度的农民轮换工
因工负伤时的待遇。农民轮换工负伤后,一般以6个
月治疗期为限,由企业给予免费医疗,并按月发给相
当于本人原标准工资的生活补助。医疗终结,经医院
证明,劳动鉴定委员会确认,不能从事原工作的,由签
订合同的县(市)有关单位送回原地安置,并由企业发
给农民轮换工因工致残的抚恤费。其标准是:(1)全部
丧失劳动能力,饮食起居需要有人扶助的,按本人原
标准工资的90%按月发给,并可根据实际情况,按月
发给护理费,直至死亡为止。(2)全部丧失劳动能力,
起居不需要人扶助的,按本人原标准工资的80%按
月发给,直至死亡。(3)大部分丧失劳动能力,按本人
标准工资的60%按月发给,直至恢复劳动能力或死
亡时止。(4)部分丧失劳动能力,根据伤残程度,一次
发给6至12个月本人原标准工资的因工致残抚恤
费。

　　在本案中,林某属大部分丧失劳动能力,应按上
述第3条的规定执行,煤矿那种一次性补给林某生活
补助费的做法是不对的,是违背国家法规的,林某应
享受国家规定的因工负伤的待遇。

37.劳动合同是工人的"卖身契"吗?

　　赵刚与一家公司签订了劳动合同。在合同期内,

公司在没有征得赵刚同意的情况下,调换了赵刚的工作。赵刚不愿调换工作,他找到厂长要求仍然干原来的活,厂长说:"你既然跟厂里签订了合同,就应该听从厂里的安排,要不然你就给我走人。"赵刚听后极为不满,但又不知道如何是好。心想,难道劳动合同是工人的"卖身契"吗?

厂长所说的话、所作的决定,都是十分错误的。劳动合同的订立和变更,都必须遵循平等自愿、协商一致的原则;签订劳动合同是为了使工人更好地劳动,使工人能按合同去做自己喜欢做的工作;用人单位不能随意调换工人的工种,如果要调换,要向工人说明调换工种的理由,并征得工人的同意,否则工人可以拒绝。用人单位强迫工人调换工种,工人可向劳动争议仲裁委员会申诉。因此,对劳动合同,用人单位和劳动者都必须共同遵守,用人单位不能随意摆布工人,劳动合同不是工人的"卖身契"。

38. 对错误的仲裁决定,打工者到哪里讨说法?

刘某与一家公司签订了劳动合同。在合同期内,公司在未经刘某同意的情况下,决定调换刘某的工种,刘某很生气,干脆不去上班。公司领导恼羞成怒,就以旷工为理由,解除了与刘某的劳动合同。刘某不服,向劳动争议仲裁委员会申诉,劳动争议仲裁委员会也认为刘某旷工属违约行为，支持该公司的决定。刘某认为仲裁委员会的决定是错误的，但又不知该怎么办。

从上述案情来看，仲裁委员会的仲裁决定是错误的。因为他们双方订立劳动合同后，公司不能擅自调换刘某的工种；而刘某用不上班来反对公司的决定也是错误的，但刘某不上班，也是事出有因，不能认为是无故不上班，因此，也就不能说是旷工，公司也不能以此来解除劳动合同。刘某可以自收到仲裁裁决书之日起 15 日内向人民法院提起诉讼，到人民法院去讨个说法。

39. 调换工种一定要经打工者同意吗？

张某与一纺织厂签订劳动合同，在该纺织厂做水电工。合同期内，由于国家要求全国纺织行业压缩，该纺织厂决定转产，并重新调整各部门的工种。张某也因转产的需要，被纺织厂调换从事其他工种。但张某以自己是水电工，与企业转产没有直接关系为由，不同意调换工种，认为纺织厂这样做违反了合同。纺织厂则认为张某不服从分配，要解除与张某的劳动合同。纺织厂的做法正确吗？

上述案例，关系到劳动合同变更的问题。劳动合同订立后，双方必须全面履行合同规定的义务，任何一方不得擅自变更劳动合同。劳动合同的变更，应当遵循平等自愿、协商一致的原则。但法律还规定，在合同的履行过程中，由于情况发生变化，劳动合同也可以变更。在上面这个案例中，由于纺织厂按照国家的要求转产，纺织厂要调整生产任务，需要对全厂工人进行重新安排，在这种情况下变更劳动合同是合法的。张某认为自己是水电工与转产关系不大而不同意调换工种是不对的，张某应服从整个企业的大局；纺织厂以张某不服从安排为由，解除与其的劳动合同是正确的。也就是说在一些法律、法规规定的特定情况下，用人单位调换工种可不经工人的同意。

40. 不愿继续打工，能一走了之吗？

李某在某工厂打工多年，由于工厂的经济效益不太好，工资收入一直都不太高，李某不想继续在这家工厂里打工。到月底领了工资后，李某仅跟车间的负责人打了一声招呼就离开了工厂。厂长得知此事后，找到李某要求他继续上班，等找到合适人选，他才可以离开。但李某说，我是一个打工仔，我想什么时候走就什么时候走。厂长听后，非常生气，向劳动争议仲裁委员会申诉，要求李某赔偿工厂的损失。工厂的要求会得到支持吗？

工厂的要求是合理的，李某的做法是错误的。劳

动法为了保障劳动者选择职业的权利,规定劳动者可以解除劳动合同,以充分发挥劳动者劳动的自主性。但劳动者解除劳动合同应按照法定程序进行,应该办理有关手续,即劳动者解除劳动合同,应当提前30日以书面形式通知用人单位,这样可使用人单位提早补充所需的劳动者,保证生产的正常进行。李某既未提前通知用人单位,也未向用人单位写出书面的申请,其违反规定解除合同,应赔偿因此给用人单位造成的损失。所以,不愿继续打工,也不能一走了之,而应按规定办理解除合同的手续。

41. 劳动合同被解除,劳动者应得到补偿

张强与某瓷厂签订了劳动合同。在工作中,张强努力工作,勤学苦干,很快就熟练掌握了生产技术,并且在工作中取得了很好的成绩,连续三年被评为先进工作者。后由于厂里某种原因,瓷厂领导找张强谈话,要解除与张强的劳动合同,张强为了不使厂里为难,很不情愿地同意解除劳动合同。但张强提出,自己在工厂工作这么多年,为厂里也多少作了贡献,要求厂里给自己一点经济补偿。瓷厂领导却说,你平时在厂里工作,厂里已经发了你的工资和奖金,你现在同意解除劳动合同,还向厂里要钱没有道理。那么,张强的要求是否合理呢?

张强的要求是合理的。张强在瓷厂工作表现一贯很好，并且在多年的工作中也取得了很好的成绩，现由于厂里的原因，要求解除劳动合同，张强没有任何责任。瓷厂在与张强协商后，虽然张强同意解除劳动合同，但瓷厂仍应按照法律规定，根据张强在瓷厂工作的年限，每满一年发给相当于1个月工资的经济补偿金。如果瓷厂不按规定自行补发，张强可请求劳动仲裁机构或人民法院起诉要求保护自己的权利。此时若瓷厂败诉，除全额发给补偿金外，还应按补偿金金额的50%支付额外的经济赔偿。这是为了保障劳动者解除劳动合同后，在重新工作前有生活保障。因此，用人单位经劳动者同意解除劳动合同，应发给劳动者补偿金。

42. 合伙组织解散，欠工人工资问谁要？

邹某在易某和刘某合伙开办的碎石厂打工，工作一段时间后，易某和刘某应付邹某工资3700元，结账时，因碎石厂没有钱，易某便打了一张欠条给邹某。刘某回厂后，对该欠条也没有提出意见。1997年10月份，易某和刘某拆伙，欠邹某的工资由易某负担，但邹某不知道这件事，后邹某找易某要钱，易某已无力还钱，邹某又找到刘某，刘某说他们已拆伙，所欠邹某的工资归易某还。邹某眼看自己的工资没有着落，非常气愤,想到法院去起诉,但又不知道该告谁。

欠邹某工资的欠条虽然是易某所写,但刘某对这张欠条没有异议,而且这是易某和刘某在合伙经营碎石厂期间所欠,是刘某和易某的共同债务;后刘某和易某在拆伙时,虽将欠邹某的工资转由易某一人承担,但邹某不知道这件事。《中华人民共和国合同法》第84条规定,债务人将合同的义务全部或者部分转移给第三人的,应经债权人同意。而刘某和易某将欠邹某的工资转由易某一人承担时,没有征得邹某同意,因此易某和刘某这种转让债务的行为无效,欠邹某的工资,应由易某和刘某共同承担。邹某可向法院起诉易某和刘某。

43. 工人因过错给企业造成巨大损失应判刑

周涛在某公司打工,并与该公司签订了劳动合同。根据劳动合同的规定,周涛在公司主要负责采购物资。由于周涛工作期间严重不负责任,代表公司与一家冒充阳光物资供应公司的负责人签订了一份购销机器的合同,公司预付机器设备款80余万元,后一直没收到机器设备,致使公司巨款被骗。公司将周涛告到了检察院。后法院以周涛犯签订、履行合同失职被骗罪,判处周涛有期徒刑三年。周涛不服,认为自己又不是故意的,并且自己又没有得钱,因此不应负刑事责任。

周涛的想法是不对的。周涛身为公司的直接主管采购的人员,在签订合同时,不严格审查对方公司的真假,工作中严重不负责任,是一种严重的失职行为,致使公司80余万元被骗,损失严重,按照刑法的规定,周涛的行为应负刑事责任。因此,法院以其犯签订、履行合同失职被骗罪判处其有期徒刑三年是完全正确的。这个案件告诫人们工作一定要认真,否则造成了损失,责任人是要受到处罚的。

44. 工资拖欠两年后,用人单位是否可不支付?

高大碡在某树脂厂打工,并与树脂厂签订了劳动合同。合同期满后,树脂厂尚欠高大碡工资2000元,高大碡要求树脂厂付这2000元工资,树脂厂领导说,现在树脂厂比较困难,过一段时间再付,并要厂财务科写了一张欠条给高大碡。后高大碡到另一家工厂打工,但高大碡隔一段时间就到树脂厂去要钱,只是一直没有要到钱。两年过后,高大碡在没有办法的情况下,经朋友指点,向法院起诉,要求树脂厂立即归还欠他的工资款2000元。树脂厂则认为,厂里欠高大碡的工资是事实,但欠款时间已过了二年,厂里没有必要再还高大碡的工资了。诉讼中,法院根据案情,判决树脂厂归还所欠高大碡的工资款2000元及利息。

法院的判决完全正确。因为树脂厂虽在二年内一直没有归还所欠高大磙的工资款，但在这二年中，高大磙多次找树脂厂问款，而树脂厂则一直以经济困难为由不还款。这就说明，高大磙在这二年内一直未放弃自己的权利。因此，树脂厂所欠高大磙的工资款2000元并未过诉讼时效。树脂厂是想钻法律的空子，侵害劳动者的利益，故得不到法律的支持。

45. 工作中雇工因自己过错造成的伤害，雇主也应负责赔偿

李文在某土石方公司打工，双方签订了劳动合同，李文在该公司驾驶"东风"翻斗车。一次在工作中，由于翻斗车的液压千斤顶系统有点问题，李文便停车检修，并将车厢顶起，由于在检修过程中没有严格按规定操作，车厢压了下来，将李文压在车厢与车大梁之间，李文当场被压死。事后，李文的家属要求土石方公司赔偿丧葬费及抚恤金等，但土石方公司则认为李文的死是由于其自己的过错造成的，公司在事故中并无过错，不同意赔偿。土石方公司的说法有道理吗？

从整个案情来看，李文的死亡，是因为李文在修车过程中，没有严格按操作规程进行，完全属于自己的过错所致。但李文的死亡是其在完成公司的工作任务中造成的，即是因工死亡。因此，从劳动合同这一角

度来讲,雇主应当向李文家属支付丧葬费、被扶养人的生活补助费等费用。另外,从公平原则来讲,因李文为土石方公司提供劳务,土石方公司可以得到利益,现李文因工作失误死亡,故受益者即土石方公司也应适当给予补偿。

46.企业以物抵发工资,工人可以解除合同吗?

张宏应聘到一家毛巾厂工作,并与该企业签订了劳动合同。由于该厂的产品在市场上不畅销,使得产品积压,企业连续几个月无钱发放工人的工资。企业为了稳定人心,决定用积压在仓库中的毛巾抵发工人

的工资,并通知工人到仓库去领。张宏找到厂长,表示自己不要毛巾,要钱。厂长说,现在企业困难,无钱发工资,发毛巾给你们抵工资,你们可以拿毛巾到市场去卖,这不就变成了钱吗?张宏则认为自己不是商人,无法去卖毛巾,厂里应发钱给自己,并提出如果厂里不发钱,就要求解除劳动合同。厂长则说,你的合同未到期,你无权解除劳动合同。那么,张宏到底能否解除合同呢?

关于工资的问题,劳动法有规定,用人单位未按劳动合同约定支付劳动报酬的,劳动者可以随时通知用人单位解除合同。在本案中,毛巾厂已拖欠了工人几个月的工资,已违反了劳动法的规定。劳动法还规定,工资应当以货币(钱)形式按月支付给劳动者本人。而在本案中,毛巾厂在拖欠工人几个月工资后,在仍无钱发工资的情况下,用毛巾抵发工人的工资,这种做法是违反劳动法的规定的。因此,张宏要求解除劳动合同的要求是合法的,拒绝以毛巾抵工资的行为是正确的,毛巾厂应与张宏办理解除劳动合同的手续或直接用现金支付所欠张宏等工人的工资。

47. 上班途中被车撞应属工伤

王某是某公司的职员,1999 年 4 月的一天,王骑自行车到公司上班,在一条人车混行的路段上和一辆公共汽车并排行驶,后面一辆出租车从公共汽车的右边强行超车,等到发现王某时,已从后面将王某撞倒,造成王某左脚膝关节骨折及多处软组织受伤。后经有关部门鉴定,事故属司机责任。事故发生后,王某要求公司按照工伤予以照顾,但公司认为他既不是在单位受的伤,也不是为单位办事受的伤,不能算是工伤。王某则认为自己是在上班途中受的伤,应属工伤。那么,王某和公司的观点哪个正确呢?

上面这个案例,王某的观点是正确的。因为根据劳动部颁发的《企业职工工伤保险试行办法》中规定,在上下班的规定时间和必经路线上,发生无本人责任或者非本人主要责任的道路机动车事故,造成职工负伤、致残、死亡的应当认定为工伤。王某是在从家到单位上班的期间和途中因发生车祸而受伤的,明显属于此款规定的应当认定为工伤的范围。因此王某的观点是正确的,公司的说法是错误的,公司应按工伤待遇对王某予以照顾。

48. 合同制工人能享受加班工资吗?

李某到一家国营印刷厂打工,并与印刷厂签订了劳动合同。五一劳动节到了,李某想利用这个休息日回老家看看。可是,由于印刷厂接到了一批订单,必须在几天之内印完,厂方决定五一节不放假,工人在厂加班,李某只好放弃回老家的打算。后来,在发加班工资时,对李某等合同制工人,厂方只发给工资200%的工资报酬,而全民所有制工人却发给了工资300%的工资报酬。李某等合同制工人找到印刷厂领导,要求补发工资,印刷厂领导却说,这只怪你们是合同制工人,你们怎么能与全民所有制工人比呢?李某等听了很生气,心里也很不服气,难道合同制工人的加班工资都与全民所有制工人不一样吗?

上面这个案例,印刷厂的做法是不正确的。劳动法规定,合同制工人与全民所有制工人在加班工资待遇方面应该是一样的。印刷厂安排李某等合同制工人在五一劳动节期间加班,按国家规定,属印刷厂在法定休息日安排工人工作,也应支付工人不低于工资300%的工资报酬,即与全民所有制工人领取同样的加班工资。李某要求印刷厂补发加班费的要求是正确的,印刷厂领导的说法是没有道理的,做法也是违法的。

49. 这种劳动争议仲裁裁决法院应否执行?

张某到一家私营企业工作时,因种种原因未与老板签订劳动合同。最近,张某与老板因工资问题发生纠纷,张某依据劳动法的规定到劳动争议仲裁委员会申请仲裁,劳动争议仲裁委员会裁定老板应付给张某工资。裁决生效后,老板没有履行仲裁裁决书规定的义务,为此,张某以此仲裁裁决书为据申请人民法院强制执行。人民法院在审查该裁决书时发现张某未与老板签订劳动合同,当然也没有如发生问题如何处理的协议,对于应否执行该裁决有不同意见。有人认为该裁决法院应该执行。有人认为该裁决法院不能执行,不能执行的理由是因为王某未与老板订立劳动合同,也未对如发生问题如何处理达成协议,事后也未达成协议。那么,该仲裁裁决法院到底该不该执行呢?

该仲裁裁决法院应该执行。因为劳动法规定,劳动争议的当事人对仲裁裁决不服的,可以自收到仲裁裁决书后 15 日内向人民法院提起诉讼，一方当事人在法定期限内不起诉又不履行仲裁裁决的，另一方当事人可以申请人民法院强制执行。这就明确规定了劳动争议仲裁裁决书生效后，人民法院应当执行。在本案中，从仲裁裁决来看，劳动者与老板虽未订立劳动合同，但双方存在事实劳动关系，双方的行为应属劳动法调整的范畴，因此，双方发生争议，一方可向劳动仲裁委员会申请仲裁，仲裁委员会也应受理该案。仲裁委员会对该案从受理到仲裁都是合法的。因此，法院应该执行。

50. 如此仲裁，劳动者岂能服？

高某在一家化工厂打工，并与该化工厂签订了劳动合同，后双方因工资问题发生争议，高某依法向劳动仲裁委员申请仲裁。劳动仲裁委员会受理后，在开庭前3天通知双方当事人开庭。由于高某在此期间家中有事，在开庭时没有到庭，但用电话告知了仲裁庭，要求推迟开庭时间。但仲裁委员会却以高某无正当理由不到庭为由，对高某作出了撤诉的处理。高某不服，向法院起诉。法院审查后，撤销了仲裁委员会的决定。

人民法院的判决是正确的，仲裁委员会的裁决是违法的。在本案中，仲裁庭将开庭的时间在开庭前三天通知高某违反了法律规定。法律规定,仲裁庭在开庭审理前 4 天就应将有关事项通知当事人。另外高某在自己不能到庭的情况下,用电话告知了仲裁庭,并要求仲裁庭推迟开庭,但仲裁庭仍以高某无正当理由不到庭为由,作出了撤诉的决定,这也是违法的。仲裁庭在违法的情况下作出的裁决,显然是错误的,法院撤销其仲裁裁决是正确的。在本案中,即使仲裁庭的裁决结果是正确的,但由于其没有按法定程序进行仲裁裁决,也应予以撤销。

51. 外资企业违约,工人也可提前解除合同

李某是一中专毕业生,因自费读中专,国家未分配其工作或安排就业,于是李某来到广东一外资企业打工。李某在校学的是热门的财会专业,因此该外资企业很乐意地与李某签订了为期三年的劳动合同。合同约定,李某进厂后培训三个月,期满后即任该公司财会部的助理会计。但培训结束后,公司却安排李某到公司营销部做推销员,李某很不高兴,多次与公司人事部交涉,公司仍以营销部缺人为由不同意李某到财会部上班。后经朋友介绍,另一家企业愿意聘用李某为会计,为此,李某提前一个月向公司递交了辞职申请,而遭到公司的反对。公司要求李某赔偿损失,扣留了李某的工资不发。此时,李某的同乡劝李某算了,

因这是一家外资企业，国家的政策是照顾外资企业的，到时候就怕搞不过公司。

李某毕竟是一中专毕业生，在学校也学习掌握了一些法律知识，一个月刚满，他就到当地劳动管理部门申请劳动仲裁，要求解除与公司签订的劳动合同，并由公司承担违约责任。后劳动仲裁委员会支持了李某的申请，李某不但到新的公司任会计，而且还将被扣留的工资如数领走。

这是一起外资企业招用国内职工的劳动合同纠纷。这起纠纷的结果说明：一是外资企业也要遵守中国的法律；二是公司违约，工人可以提前解除合同。

52. 外资企业就可随意辞退怀孕女工吗？

青年农民刘坚高中毕业后就一直在广东打工，并于1998年3月与打工妹凤英喜结良缘。凤英也已在东莞的一外国老板开的酒店打工4年，1997年10月与老板又签订了为期3年的劳动合同，任该酒店旅游部的秘书。1998年6月，酒店组织员工进行体检，发现凤英已怀孕2个月。经理得知此事后，即以凤英工作不努力、上班经常迟到早退、在医院开假病假条休假为由，决定辞退凤英。而实际上凤英工作一直很卖力，只因为妊娠反应，医院根据凤英的身体状况而开给其两周的病假条。面对酒店的辞退决定，刘坚与凤英两口子既喜又忧。喜的是凤英已怀孕,预示着即将做父母;忧的是凤英被辞退,眼看结婚欠下的债还没还清,生孩子又要添新债,现在却没了收入来源。情急之下,刘坚想起了他高中的同学,现在是一个律师,在广州某律师事务所上班。于是他们找到了这个做律师的同学。

在广州,这个做律师的同学告诉他们:"凤英经医院批准休假两周,并没有违反劳动法的规定,酒店不能以此为由辞退她。酒店虽然是由外商开办的,但是在中国境内,即应遵守中国法律。酒店应依法保护女职工的合法权益,不得借口辞退怀孕的女职工。"最后,这个律师同学还嘱咐他们到当地劳动管理机关申请仲裁,并告诉他们:"劳动争议仲裁委员会一定会支持你们的。"

53. 贪图小便宜有错,被炒"鱿鱼"应该

农村青年王某,从武警部队退伍后应聘在一中外合资的酒店当保安。2 年后,酒店经理认为王某工作干得不错,便提升其为保安部部长,月薪 2000 余元,且重新签订了一份为期 3 年的劳动合同。2000 年 2 月,酒店进行室内装修,装修完后尚有部分多余的装饰材料堆放在保安部办公室内。王某认为酒店装修已经完毕,反正这些材料是多余的,便萌发了拿一些回

去装修自己家的念头,于是便趁天黑用大板车拉了一些地板砖、瓷砖等材料回家。酒店经理发现材料少了,便找王某了解情况,王某开始不承认往家拿建材一事,经有关职工检举,才予以承认。鉴于此,酒店认为王某违反了劳动纪律,便作出了辞退王某、与王某解除劳动合同的决定。王某以自己所拿的材料是酒店不要的多余材料,酒店辞退自己无理为由,向当地劳动争议仲裁委员会申请仲裁,仲裁委员会经审查后作出了驳回王某请求的仲裁。

在本案中,王某身为酒店的保安部长,利用职务之便,侵吞酒店财产,已违反了劳动法的规定。根据《劳动法》第 25 条的规定,劳动者严重失职,营私舞弊,对用人单位利益造成重大损害的或违反劳动纪律、单位规章制度的,用人单位可以解除劳动合同。该用人单位虽是一个中外合资企业,其财产同样受法律保护。因此,酒店辞退王某是对的。

54. 与外资企业的劳动合同就可随意解除吗?

叶某是家在农村的大学毕业生,毕业后他到上海一外资企业打工,被该外资企业聘任为生产科长,并与其签订了为期 3 年的劳动合同。一年后,叶某了解到其他企业的效率好,工资收入比该外资企业要高,而且有一家企业愿出高薪聘请其任主管生产的经理。叶某于是动了心。领了工资后,叶某不辞而别,离开了该外资企业,到另外一家企业上班去了。开始该外资企业认为叶某可能生病了,到其住处了解,得知其已离去。于是该企业以叶某擅自解除劳动合同,给企业造成损失为由,向当地劳动争议仲裁委员会申请仲裁,要求叶某承担违约责任,赔偿给企业造成的损失。该外资企业的申请有没有理由呢?是否符合法律规定呢?

该外资企业的请求有充分的理由,完全符合法律规定。《劳动法》规定,劳动者解除劳动合同,应提前30日以书面形式通知用人单位,劳动者违反本法规定的条件解除劳动合同或者违反劳动合同中约定的保密事项,对用人单位造成损失的,应当依法承担赔偿责任。叶某解除劳动合同未提前以书面形式告诉该外资企业,已属违法行为,如因该行为给用人单位造成损失,依法应承担赔偿责任。也就是说,外资企业也是我国的企业法人,同样受我国法律的保护,不能以其是外国人办的企业就可进出自由。

55. 打工妹被迫充当"三陪女",有权解除合同并检举

打工妹李某被招聘到一家酒店打工,双方签订了劳动合同,合同约定,李某到酒店当服务员。可合同签订后,李某到酒店上班,酒店老板看见李某长得有几分姿色并且人又年轻,于是决定让李某到卡拉OK厅去当"三陪女"。李某上了几天班后,发现自己的工作与合同中的约定不相符,于是找到酒店老板评理,且提出如果还让她干这样的工作她就不干了。酒店老板却说,合同约定你到酒店是当服务员,你现在的工作也属于服务员,如果你不干,就要承担经济赔偿责任。听了酒店老板这番话后,李某不知如何是好。那么,李某应该怎么办呢?

李某应该勇敢地向酒店老板提出辞职。酒店老板

要求李某承担经济赔偿责任是没有道理的,因为李某与酒店签订的劳动合同中规定李某到酒店是当服务员,而老板却让李某当"三陪女",这与合同的约定不相符,根据劳动法规定,李某可以单方要求解除劳动合同且不承担任何经济赔偿责任。酒店老板叫李某充当"三陪女"的行为是一种违法行为,是对妇女人身权的一种侵害,是破坏社会秩序、要受到法律制裁的行为。如果酒店老板硬要强迫李某当"三陪女",李某有权向当地公安机关举报,用法律来保护自身的合法权益,不要被酒店老板的胁迫吓倒而委曲求全。如果李某能充分利用法律手段,一定能制服酒店老板,并且使酒店老板受到法律的制裁。

56. 个体老板就能对打工者进行体罚吗?

张某到沿海某城市打工,被一个体老板雇用,双方签订了劳动合同。张某进厂后,被分配到装配车间。进车间后,在车间墙壁上他发现了厂里规章制度中有如果违反厂规要进行体罚的规定。一开始他对此无所谓,认为这是厂里为了加强管理而制订的一项措施。但有一次,厂里因要赶一批货,老板叫工人接连几天加班加点,张某在工作时,由于过分疲劳,自己实在坚持不住,便伏在工作台上休息了一会儿,被领班发现。领班即用木棒在张某的后背猛击几下,张某被打醒,责问领班为什么打人，领班说上班偷懒，按厂里规定就该打，并说要扣发他一个月的奖金。张某拉着领班与老板评理，老板却说："你到我这里打工，就该守这里的规矩，否则你就要挨打。"张某听后非常气愤，心想，我在你这里打工，你就能打我吗？

个体老板的做法是非常错误的。工人到工厂打工，与工厂签订劳动合同，只是以出卖自己的劳动力换取自己应得的劳动报酬，并不是出卖人身。他们是有完全人身自由的人。个体老板为了严格管理自己的工厂，制定规章制度是应该的，但不能将体罚工人的人身作为一项措施，更不能随意体罚工人。如果工人违反劳动纪律，只能采取经济上的处罚而绝不能体罚工人。体罚劳动者是对劳动者人身权利的侵犯，是要承担法律责任的。本案张某可以向有关劳动监察部门举报，并且可以向该个体老板要求赔偿，以保护自身的合法权益。

57. 合同虽未到期，也不能强迫工人劳动

涂某在沿海某城市打工，与一家私营企业签订了3年的劳动合同。在这家企业工作了一年时间后，涂某发现该私营企业老板的管理方法完全是一种法西斯的管理方法。老板经常叫工人加班加点，上班有时连上厕所的时间都没有，并且对不守纪律的工人经常打骂。涂某怕有一天自己也会遭到这种厄运，于是

找到老板,要求解除合同。老板告诉涂某:我这里已将你培养成了熟练工人,你的合同没有到期,你就别想离开我这里,否则我对你不客气。随后叫保安将涂某的行李搬到另外一个封闭的房子里,并且下令涂某下班后就不能出这个房间。涂某此时已完全失去了人身自由,几次想逃出去,都没有成功。后来还是在一次劳动用工检查中被检查人员发现,涂某才被解救出来,该老板也受到了刑法处罚。

从该案中我们可以看出,该私营业主没有一点法制观念,他认为工人与其签订了劳动合同,在合同期内就是他的私有财产,可以任由其处置。一旦工人提出提前解除合同,他就采用关禁闭的方法强迫工人劳动。这种行为是一种非法拘禁的行为。所谓非法拘禁,就是指采用拘禁或其他强制方法非法剥夺他人人身自由的行为。私营业主的这种行为是一种对工人人身权利严重侵害的行为,要受刑法处罚。所以最后该私营业主被判了刑。劳动者在现实生活中遇到这种情况,应想方设法向有关部门举报,以保护自身的合法权益,便于劳动监察部门及公安机关及时有力地打击这种犯罪,保护社会主义的劳动力市场和工人的人身权。

58.临时工也应享受医疗待遇

刘某被一家建筑公司招聘为临时工,双方签订了劳动合同。合同规定在合同有效期内因工负伤,建筑公司按国家有关规定提供医疗待遇。合同签订后,建筑公司就把刘某派到建筑工地上岗作业,不久,刘某在工作时,不慎摔断了左胳膊,送往医院治疗,建筑公司即解除了与刘某的劳动合同,并认为刘某只是临时工,不是正式工,只愿意负担 50%的医疗费,其余不承担。刘某不同意,为讨回公道,刘某向劳动争议仲裁委员会申诉。

这个案例中,建筑公司的做法是错误的。建筑公司不但不应解除与刘某的劳动合同,并应负担刘某的全部医疗费用。因为法律规定,临时工在企业工作期间因工负伤的, 其医疗期内待遇与合同制工人相同。在医疗期内,企业不能解除与因工负伤的职工的劳动合同。建筑公司认为刘某是临时工,不是正式工,只负担一半医疗费显然是错误的,况且在与刘某的劳动合同中也规定了要按照国家有关规定提供医疗待遇。所以,刘某的申诉一定会得到劳动仲裁委员会的支持。

59. 私营企业随意延长工作时间,也应发加班报酬

于某在黄某开的私营糕点厂打工,每天清晨七点,黄某照例将于某叫起,开始一天的工作,中午吃饭时间只有半个小时,每天工作到深夜,平均每天工作时间长达 14~15 个小时。于某虽然年轻,但每天都累

得精疲力尽。半年后,于某再也坚持不住了,想另谋生路,于是到劳动力市场去打探用工信息。于某来到劳动力市场时,正赶上劳动法宣传,他转了几圈,没有什么收获,就拿了一份宣传单回来了。当他看到劳动法的工时规定时,才发现自己的权利被黄某侵犯了,于是找到黄老板论理。黄老板却说:"我是私营企业,政府批准的,我愿意干多长时间就干多长时间,什么法也管不着!"说完气呼呼地走了。于某碰了钉子,心里不是滋味,第二天他决定到劳动仲裁委员会去申诉。

本案涉及到劳动法的适用范围。劳动法规定,在中华人民共和国境内的国家机关、社会团体、企业事业单位及其他组织的职工,都适用劳动法。并且劳动法规定劳动者的工作时间,就是因为工作和休息是劳动者的基本权利,在生产经营过程中,任何单位和个人不得擅自延长职工的工作时间,即使要延长工作时间,也须与劳动者协商。黄某虽然是私营企业主,但也要遵守劳动法的规定,黄某延长职工工作时间,而未按劳动法的规定支付职工加班的报酬,已严重侵犯了职工的合法权益,应按劳动法的有关规定,补偿延长工作时间的那部分加班报酬。

60. 企业招工不应提高对妇女的录用标准

某市办公自动化设备公司,准备从劳动力市场招收 20 名合同制工人,其中男女各 10 名,在招工简章中规定,男性高中毕业以上学历,女性大专以上学历,结果劳动部门未批准,后来改为男女一律高中以上学历。女青年吴某看到招聘广告后,到劳动力市场报名,面试和文化考试均取得很好的成绩。一周后,和吴某一起参加应聘的一个成绩不如吴某的男青年被通知到公司报到,而吴某却落聘了,吴某找到公司负责人,负责人说企业临时决定,提高招收女员工的标准,由高中毕业改为大专毕业,吴某因是高中毕业而未被录用。吴某认为这不合理,那她应该怎么办呢?

本案所涉及的问题主要是企业在招收男女员工时采用不同的标准是否合法。劳动法规定,妇女享有与男子平等的就业权利,在录用职工时,除国家规定的不适合妇女的工种或者岗位外,不得以性别为由拒绝录用妇女或者提高对妇女的录用标准。宪法也有男女平等的规定。在本案中,该公司这次招工的工种或者岗位不属于国家规定的不适合妇女的工种或岗位,该公司提高对女工的录用标准,违反了劳动法的规定。因此,吴某应被录用,该公司应与吴某签订劳动合同,建立劳动关系。该公司在招工时采用欺骗的手段,有意欺骗劳动部门,已属违法,对此劳动部门要对其进行法制教育,并可根据有关规定予以处罚。如该公司仍坚持不录用吴某,吴某可向当地劳动仲裁委员会申诉。

61. 职工没有完成工作任务,企业不发工资合理吗?

高某系某瓷厂的工人,多年从事销售工作。该瓷厂根据实际情况,规定了销售人员的工资实行销售毛利承包提成工资的办法,也就是你完成了厂部给你的销售任务的基数,就发给你基本工资,超过部分按比例抽取奖金,如果没有完成任务基数,则没有工资。高某连续几个月都没有完成任务基数,因此,连续几个月都没有领到工资。但高某认为自己虽然没有完成任务基数,但确实付出了劳动,瓷厂不发给自己工资是不符合法律规定的,故要求瓷厂发给他这几个月的工资。瓷厂则以高某当时同意厂里的这种承包办法为由,不支付工资。高某向劳动仲裁委员会申诉。那么,他会得到支持吗?

高某的申诉肯定会得到劳动仲裁委员会的支持的。因为劳动法在给予企业自主确定本企业的工资分配形式的同时,还规定企业必须遵守国家的最低工资保障制度的规定,也就是说劳动者在法定工作时间内提供了正常的劳动,其所在的企业应支付给其最低限额的劳动报酬。在本案中,瓷厂规定了提成工资办法,即没有完成任务基数,则不能领取工资,这实际上就违背了国家的最低工资保障制度,劳动者在工作期间毕竟付出了劳动,就应当取得劳动报酬。因此,瓷厂不给高某工资的做法是错误的, 应该补给高某工资,其标准不能低于当地的最低工资标准。